Ciclos de vida

El ciclo de vida de una mariposa

por Jamie Rice

Bullfrog
en español

Ideas para padres y maestros

Bullfrog Books permite a los niños practicar la lectura de textos informativos desde el nivel principiante. Las repeticiones, palabras conocidas y descripciones en las imágenes ayudan a los lectores principiantes.

Antes de leer

- Hablen acerca de las fotografías. ¿Qué representan para ellos?

- Consulten juntos el glosario de las fotografías. Lean las palabras y hablen de ellas.

Durante la lectura

- Hojeen el libro y observen las fotografías. Deje que el niño haga preguntas. Muestre las descripciones en las imágenes.

- Léale el libro al niño o deje que él o ella lo lea independientemente.

Después de leer

- Anime al niño para que piense más. Pregúntele: Una mariposa tiene cuatro ciclos de vida. ¿Puedes nombrarlos?

Bullfrog Books are published by Jump!
5357 Penn Avenue South
Minneapolis, MN 55419
www.jumplibrary.com

Library of Congress Cataloging-in-Publication Data

Names: Rice, Jamie, author.
Title: El ciclo de vida de una mariposa por Jamie Rice.
Other titles: Butterfly's life cycle. Spanish
Description: Minneapolis, MN: Jump!, Inc., [2023]
Series: Ciclos de vida| Includes index.
Audience: Ages 5–8
Identifiers: LCCN 2022004521 (print)
LCCN 2022004522 (ebook)
ISBN 9781636909936 (hardcover)
ISBN 9781636909943 (paperback)
ISBN 9781636909950 (ebook)
Subjects: LCSH: Butterflies—Life cycles
Juvenile literature.
Classification: LCC QL544.2 .R52918 2023 (print)
LCC QL544.2 (ebook)
DDC 595.78/9156—dc23/eng/20220201

Editor: Eliza Leahy
Designer: Emma Bersie
Translator: Annette Granat

Photo Credits: Kim Howell/Shutterstock, cover; irin-k/Shutterstock, 1; PhotonCatcher/Shutterstock, 3 (left); Ziga Camernik/Shutterstock, 3 (right); davidtclay/Shutterstock, 4, 23tm; aslysun/Shutterstock, 5; Muhammad Naaim/Shutterstock, 6–7, 22t; Stan Kujawa/Alamy, 8, 23tr, 23bm; Mathisa _ s/iStock, 9, 13, 23tl, 23bl; Jay Ondreicka/Shutterstock, 10–11; James Urbach/SuperStock, 12, 23br; Amanda Melones/Dreamstime, 14–15; ckio/Shutterstock, 16–17; Leena Robinson/Shutterstock, 18–19; Ken Donaldson/Shutterstock, 20–21; N.R.A Seno Aji/Shutterstock, 22mr; Young Swee Ming/Shutterstock, 22b; Lawrence Wee/Shutterstock, 22ml; ColleenSlater Photography/Shutterstock, 24.

Printed in the United States of America at Corporate Graphics in North Mankato, Minnesota.

Tabla de contenido

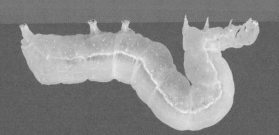

Se arrastra y vuela

Esta es una crisálida.

¡Sale una mariposa! ¿Cómo llegó ahí? ¡Veamos!

Las hembras adultas
ponen huevos.

Los huevos se pegan
a las plantas.

huevo

Los días pasan.

Las orugas eclosionan.

oruga

cáscara de huevo

Ellas se comen las cáscaras de los huevos. ¡Mmm!

Comen plantas.

Ellas crecen mucho.

Mudan de piel.
¡Ellas hacen esto muchas veces!

muda de piel

crisálida ·····▶

14

Después, a una oruga
le crece una crisálida.

Este capullo la
mantiene a salvo.

Las semanas pasan.

Ella crece.

Su cuerpo cambia.

ala

¡Sale!

Ahora es una mariposa.

Tiene alas.

¡Ella vuela!

Encuentra comida.

Ella también
pondrá huevos.

El ciclo de vida de una mariposa

El ciclo de vida de una mariposa tiene cuatro etapas.
¡Échale un vistazo!

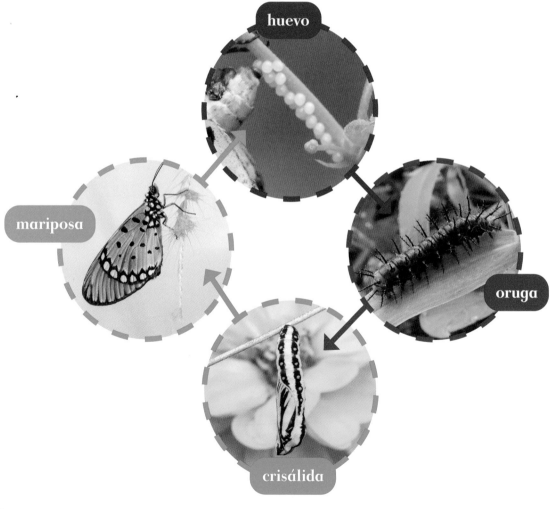

huevo

oruga

crisálida

mariposa

Glosario de fotografías

cáscaras
Las cubiertas
exteriores de objetos.

crisálida
Una mariposa en
estado de crecimiento
entre el de oruga
y el de adulto.

eclosionan
Salen de los huevos.

mudan de piel
Cambian de piel
y la reemplazan
con piel nueva.

orugas
Las larvas que
se transforman
en mariposas
o polillas.

se arrastran
Se mueven despacio
sobre patas cortas.

Índice

Para aprender más

FACT SURFER

Aprender más es tan fácil como contar de 1 a 3.

❶ Visita www.factsurfer.com

❷ Escribe "elciclodevidadeunamariposa" en la caja de búsqueda.

❸ Elige tu libro para ver una lista de sitios web.